BECOMING
creative

thoughtful

BECOMING
strong

U0021155

BECOMING
inspired

honest

BECOMING
open

BECOMING
urposeful

driven

BECOMING
creative

BECOMING
helpful

happy

BECOMING
curious

BECOMING
secure

brave

BECOMING
thankful

I AM BECOMING

你的故事即是你的一切，
永遠代表你、為你所有。

這篇故事屬於

_____ 所有。

成為自己
不在於
抵達某個終點
或
成就某項目標，
而是
不斷前進、
逐漸蛻變，
持續實現
更好的自己。

自從我的回憶錄問世以來，我聽到好多人如出一轍的反應──不論陌生人、朋友和家人都一樣。他們說：「我真不敢相信你竟然記得住那麼多往事。」這句評語常常讓我不覺莞爾，因為當我回想構思回憶錄的過程，印象最深的，就是那份企圖抓住縹緲記憶的感覺。她叫什麼名字來著？我是在跟巴拉克討論前還是討論後做出那個決定的？那場造勢活動在哪一州舉行？

我這一生，只有在將近三十歲那幾年短暫寫過日記，當時，我正準備和巴拉克認真交往，同時也在思索新的生涯規畫。那是一段充滿變化的混亂時期，我發現花時間記錄自己的思緒，幫助我安然度過了種種改變。然後我把日記束之高閣，直到開始撰寫回憶錄才重新拾起。它瞬間把我帶回早年的自己，種種溫情、心碎與失意霎時湧上心頭。

這段經驗讓我不禁自問：「我為什麼沒有多寫日記呢？」我相信，和你們許多人一樣，答案就是實在太忙了。我轉換了事業跑道、結了婚、生了孩子。在這過程中，不知怎麼一回事，我最後穿上了禮服，走進了白宮。

回首從前，我但願自己曾花更多時間寫下自己的思緒與感受。我不太寫日記，因為我說服自己打消這個念頭──寫日記可以是一件有點嚇人的事，夾雜層層疊疊的言外之意，彷彿一旦成了白紙黑字，你的念頭就有了額外的分量與意義。

不過，我現在明白了一個非常簡單的道理：我們不必記得每一件事，但我們記得的每一件事都有價值。

你不需要寫下詩一般的文字，或等待某種驚天動地的領悟。不需要每天寫日記，當然也不需要覺得自己有什麼重要的話得說。你大可以記錄凡塵俗事，例如在天寒地凍的芝加哥早晨，拿刮冰器在汽車擋風玻璃上鏟冰的聲音；春季大掃除後，家裡瀰漫的松香清潔劑味道；媽媽從機場開

車接你回家的路上；甚至是你隔天有待處理的工作清單。我最喜歡的一則日記，記述了我們在離家不遠的餐館度過一個平凡無奇的夜晚，唯一的驚喜，是一位老先生在自動點唱機點播了一份完美的歌單。

你只需記住，所有事情都很重要——聲音與氣味、歡笑與痛苦——因為到頭來，這些都是你的故事的一小部分。我希望你利用這本筆記書寫下你的經歷、想法與感受，不文過飾非，也不做任何評判。這項練習的用意不是要美化你的過去，或寫下不符合你真實感受的事情，更不是要你鞭策自己臻於完美。因為生命美好之處，就在於今天發生的事，也許過了幾個月、幾年或幾十年後，你會出現全然不同的感受。或許你可以重新打開這些紙頁，認出你今天看不見的一部分自己。如果你的人生旅程才剛起步，這段話尤其適用於你。對你來說，此刻的喜悅與傷痛可能還太新鮮、太露骨。寫作的作用就是去咀嚼、理解、成長，而且沒錯，去記憶。

在成為自己的過程中，那或許是最根本的一環：看見你即將寫下的故事，並且接納它們的真實面貌——接納屬於你的故事。

致上深深的愛，
蜜雪兒・歐巴馬

Michelle Obama

如果你
妄自菲薄，
別人大概也會覺得
你的故事不值一提。
所以，
即便有時候
不容易開口，
你也得鼓起勇氣述說，
因為這個世界
需要聽到你的故事。

你的故事是什麼？你
如何學會接納真實的
自己？

你的故事在哪裡峰迴
路轉？

你有喜歡的名言佳句嗎?在此抄錄三句。

請盡可能詳細描述你
最引以為傲的一刻。

BECOMING

父母教導
我要有自信，
不要自我設限，
要相信我可以
追求並獲得我想要的
任何東西。
而我
什麼都想要……

你想要什麼？列出你的十樣追求，
並針對每項目標寫下有助於實現夢想的一個簡單行動。

1.

2.

3.

4.

5.

6.

7.

8.

9.

10.

描述你小時候的家。
你最鮮明的記憶是什
麼？是什麼讓它有別
於朋友們的家？

說說你現在的家。它和
朋友的家有什麼不同？
你最愛它哪一點？

我一無所有
卻又擁有一切，
端賴你敘述的
角度為何。

出身背景對今天的我們影響深遠。
請描述你成長的鄰里。
那個地區有什麼特別之處？
有哪些挑戰？如何塑造了今天的你？

列出你最喜歡的五樣家常菜。

1

2

3

4

5

描述一頓難忘的晚餐。
你吃了什麼？你是在家裡吃的，還是在別的地方？

小時候放暑假，你都在
做什麼？

哪些活動是你以前熱衷
現在卻沒時間做的？你
如何重拾舊愛？

BECOMING

如果能跟已逝的親人說
話,你會問他什麼?

你的祖先來自什麼地
方？他們遭遇過怎樣
的艱難險阻？

BECOMING

如果真要說
我這輩子學到的真理，
那就是
善用自己的聲音，
便能帶來無窮的力量。

寫下你對別人說出自己真實際遇的一次經驗。
那帶給你什麼感受？你學到了什麼？

DATE   /   /

BECOMING

你想成為怎樣的人？

你想為世界做出怎樣
的貢獻？今年，你如
何朝這個目標繼續邁
進一小步？

BECOMING

這個月，請鼓起勇氣
多跟別人分享你的故
事，也問問他們的故
事。你對自己和對
方產生了怎麼樣的認
識？

讓別人認識自己、
聽到自己，
創造屬於自己的
獨特故事，
發出自己真正的聲音，
力量就會出現；
願意認識、
傾聽他人，
善意就會出現。
對我來說，
這便是我們
成為自己的過程。

你小時候學到最重要的
教訓是什麼？

BECOMING

我的家
是我的世界，
是一切的中心。

家對你的意義是什麼？

關於你與家人相處的時
光，請盡可能細緻入微
地描述你最鍾愛的一樁
回憶。

描述你心目中完美的一
天，從早餐開始，到晚
餐結束。

寫封信給青春期的你，
對他提出忠告，並透露
未來的發展走向。

寫封信給將來的你，簡
單說說你對未來幾年的
期望。

BECOMING

你做過最率性的事情是什麼？

你這個月發生過最重要的十件事情是什麼？

1.

2.

3.

4.

5.

6.

7.

8.

9.

10.

我是女性，
也是黑人和強者，
這對抱持特定成見的
某些人來說，
只會被解讀為「生氣」。
這是另一種
具破壞力的老哏，
一種常用來將少數族裔婦女
趕到邊緣的老招數，
也在無意識發出信號，
要大家別聽我們說話。

你是否曾被貼上老掉
牙的不實標籤？你作
何反應？

眺望窗外，寫下你看
到的一切。

你出生當天的頭條新聞
是什麼？時至今日，那
條新聞是否還切合當前
環境？

BECOMING

你最近讀過什麼好書？
你從中學到了什麼？

童妮・摩里森（Toni Morrison）
寫的《所羅門之歌》
（*Song of Solomon*）……
是我最早愛上的幾本書之一，
一口氣讀完，不忍釋卷。
那本書讓我愛上閱讀，
因為在那之前，
閱讀比較像是
不得不做的苦差事。
然而，那本書扣住我的心弦，
讓我不由得一直讀下去。
多年來，
我讀過許許多多這樣的好書，
但是《所羅門之歌》
是我最初的摯愛。

列出你想做的十件好玩的事。

1.

2.

3.

4.

5.

6.

7.

8.

9.

10.

你最珍視的財物是什麼？寫下你取得它的經過。

BECOMING

失敗是一種感覺，
早在真正失敗以前
就埋在心裡。
脆弱會滋生自我懷疑，
然後
因恐懼而加劇，
而且往往是
刻意種下的恐懼。

做為個人、家長或社會的一分子，
你可以做些什麼來打破恐懼與失敗的惡性循環？

挑出你最喜歡的照片，
描述你從這張照片看到
的故事。

你見過最快樂的人是
誰?你覺得他的快樂
泉源是什麼?

BECOMING

尋找新觀點、
跨出舒適圈，
我們就能
更深刻地發現自己。

如果可以到任何地方旅行，
你會選擇去哪裡、做些什麼？

回想兒時探望祖父母或
其他長輩的經驗。詳細
描述某一次探親之旅，
盡可能不要遺漏任何細
節，包括當時的畫面、
聲音與氣味。

那些長輩對你產生了怎
樣的影響？

列出你最愛吃的十種蔬菜，以及你喜歡如何烹煮它們。

1.

2.

3.

4.

5.

6.

7.

8.

9.

10.

我現在知道了，
六月的
草莓最多汁，
深綠色的
葉菜最營養，
用烤箱製作
羽衣甘藍脆片
一點都不難。

大自然如何滋養你?

BECOMING

你如何慶祝節日？你們
家最重視哪些傳統？

描述一個難忘的節日，
最近或很久以前發生的
都可以。你在哪裡？有
哪些人一起過節？吃了
哪些食物？

只有遠走他鄉、
連根拔起、
嘗過如浮萍般
漂流在另一片海洋
的滋味以後，
才會真正察覺
自己是多麼眷戀家鄉。

你最近一次猛然投入一個全新或令你不安的
領域是什麼時候？
這樣的驟變如何影響你？
它為你的生命帶來什麼價值？

孩子感受到
大人用心對待，
自然會願意
付出更多心力。

列出小時候用心對待你的五個人。

從前一頁的名單中挑出
一個人，描述你今日的
成就如何體現了他或她
的支持。

BECOMING

你以前每天怎麼上學？

小時候對你影響最深的
老師是哪一位？這位師
長如何在你身上留下如
此深刻的印記？

你曾經做出的最大犧牲
是什麼？

BECOMING

固定與一群親密而活潑的
姊妹淘聚會、
構築一個充滿女性智慧的
安全港灣，
成為我終生不變的習慣。

列出你的三位堅強後盾。在每個名
字旁邊，說明他或她為什麼如此值
得信賴。

列出你會反覆聆聽的十首歌曲。

1. _____

2. _____

3. _____

4. _____

5. _____

6. _____

7. _____

8. _____

9. _____

10. _____

音樂

向來是我之所以為我的

一個關鍵成分。

「成為這樣的我」歌單

1. *Ain't no mountain high enough*，馬文・蓋伊（Marvin Gaye）與塔米・泰瑞爾（Tammi Terrell）

2. *The Way You Do the Things You Do*，誘惑合唱團（The Temptations）

3. *Dancing in the Street*，瑪莎與范德拉（Martha Reeves & the Vandellas）

4. *Please, Mr. Postman*，驚豔合唱團（The Marvelettes）

5. *This Old Heart of Mine (Is Weak for You)*，艾斯禮兄弟合唱團（The Isley Brothers）

6. *Ain't Nothing Like the Real Thing*，馬文・蓋伊與塔米・泰瑞爾

7. *Baby Love*，至上女聲三重唱（The Supremes）

8. *It's The Same Old Song*，四頂尖合唱團（Four Tops）

9. *Just My Imagination (Running Away With Me)*，誘惑合唱團

10. *Signed, Sealed, Delivered (I'm Yours)*，史提夫・汪達（Stevie Wonder）

11. *I Heard It Through the Grapevine*，葛蕾蒂絲・奈特與種子合唱團（Gladys Knight & the Pips）

12. *My Guy*，瑪莉・威爾斯（Mary Wells）

13. *It Takes Two*，馬文・蓋伊與基姆・韋斯頓（Kim Weston）

14. *I Can't Help Myself (Sugar Pie, Honey Bunch)*，四頂尖合唱團

15. *Who's Loving You*，傑克森五人組（The Jackson 5）

16. *Beauty Is Only Skin Deep*，誘惑合唱團

17. *The Tracks of My Tears*，史摩基・羅賓森與奇蹟樂隊（Smokey Robinson & The Miracles）

18. *For Once in My Life*，史提夫・汪達

19. *Baby, I'm for Real*，原聲合唱團（The Originals）

20. *Reach Out I'll Be There*，四頂尖合唱團

21. *What's Going On*，馬文‧蓋伊

22. *Mercy Mercy Me (The Ecology)*，馬文‧蓋伊

23. *As*，史提夫‧汪達

24. *Color*，Zhané

25. *I Love Your Smile*，仙妮絲（Shanice）

26. *Treat Her Like a Lady*，誘惑合唱團

27. *Zoom*，海軍准將合唱團（Commodores）

28. *The Truth*，印蒂雅‧艾瑞（India.Arie）

29. *Didn't Cha Know*，艾莉卡‧芭朵（Erykah Badu）

30. *My Cherie Amour*，史提夫‧汪達

31. *Woman's World*，BJ芝加哥小子（BJ The Chicago Kid）

32. *I'm Coming Out*，黛安娜‧蘿絲（Diana Ross）

33. *Video*，印蒂雅‧艾瑞

34. *Square Biz*，婷娜‧瑪莉（Teena Marie）

35. *Rhythm of the Night*，迪巴吉合唱團（DeBarge）

36. *You and I*，瑞克‧詹姆斯（Rick James）

37. *Someday We'll Be Together*，黛安娜‧蘿絲與至上女聲

38. *Feel So Good*，派瑞姊妹（Perri）

我也了解，
與選民近距離接觸後，
他們就比較不會
憎恨我。

描述你最近一次跟某個
不認同你的過去或觀點的人談話的經驗。
你如何應對？

你的父母或祖父母經歷
過怎樣的童年？他們的
兒時跟你的童年有什麼
相似或相異之處？

BECOMING

做為你自己，
你的故事
是最有力量的部分──
你的掙扎、失敗、成功，
以及其中的點點滴滴。
請記得敞開心胸
接納新的經驗，
永遠不要讓懷疑者
成為你的絆腳石。

列出你在生活中遭遇過的一次掙扎、失敗與成功。你分別從中學到什麼？

掙扎 A STRUGGLE

失敗 A FAILURE

成功 A SUCCESS

你曾經參軍或認識某個
當過兵的人嗎？對你而
言，為國效命代表什麼
意義？

你如何對陌生人描述你
自己？

成為自己
需要同等的
耐心與嚴謹。

描述耐心與嚴謹幫助你成長、
讓你更愛自己的一次經驗。

描述某個人試圖勸你降低期望、打消夢想的經驗。
那帶給你什麼感受？你如何努力克服障礙？

列出五項原因證明那人看走了眼。

2

3

4

5

你上一次大哭一場是什
麼時候？哭完以後感覺
如何？

一天的不順心之後，你
會如何關愛自己？

政權交接就是如此，
一切汰舊換新。

你此刻正在經歷怎樣的過渡期？
你覺得自己準備好了嗎？

你小時候看過最精采的
電視節目是什麼？你現
在觀賞哪些節目？

你最喜歡哪些電視劇
角色？他們為什麼吸
引你？

回想你最近展開的某項活動──一項或許有些
新鮮、刺激,甚至有點可怕的活動。列出你的
三項個人特質,證明你是迎接這項挑戰的不二
人選。

如果時間可以倒流，你
會在迎接這項挑戰之前
給自己怎樣的忠告？

這些年來，你的理念出
現了怎樣的變化？你如
何維持初衷？

回想你最痛苦的掙
扎，你從中得到怎
樣的成長？

BECOMING

世上每一個人
都背負著看不見的歷史，
光基於這個原因，
就該得到
些許諒解與寬容。

有哪些重大歷史事件影響了你的家庭
——不論久遠以前或最近的事？

BECOMING

宗教或精神生活在你的
生命中扮演什麼角色？

寫下你感到無憂無慮的
一次經驗。

我
夠好嗎？

當然，
我很棒。

列出你之所以與眾不同且值得尊敬的十個理由。
每次信心動搖，就回頭看看這份清單。你絕對夠好。

1.

2.

3.

4.

5.

6.

7.

8.

9.

10.

寫一封感謝信給你愛
的某個人。

你如何融入你的社區？

描述你生活的地區，說說過去十年來的變遷。

列出你希望公民領袖推動的五項改變，來大幅幫助地方發展。

2

3

4

5

列出你的最大天賦。請記得接納自己的長才，驕傲地展現出來！

1. _____

2. _____

3. _____

4. _____

5. _____

6. _____

7. _____

8. _____

9. _____

10. _____

你如何定義「領袖」？你是否考慮過承擔領袖的角色？原因何在？

BECOMING

自我懷疑不會減輕
當下的痛苦，
但是只要不壓垮我們
對自己的看法，
自我質疑最終會帶來好處。

你曾經擔心自己哪些地方不夠好，
最後證明是多慮了？
信心不足的時候，你用什麼方法鼓舞自己？

我們許多人

活了一輩子，

自己的故事都隱藏起來，

自慚形穢，

生怕自己真實的一面

不符合既定理想……

當有人敢開口

訴說不一樣的故事，

就會出現

轉變的契機。

在你認識的人當中，
描述某個有足夠勇氣
述說自己故事的人。
那如何改變你對他的
觀感？如何改變你對
自己的觀感？

你如何感受四季的變
化？你最喜歡哪一個
月份？

你是否接受自己生命中
的變化？是或否的原因
何在？

BECOMING

對我來說，

魔力

就藏在學習過程中。

你長大後曾設法學習哪些技能或課題？
學習如何改變你今天的生活？

歷史上哪位開路先鋒
對你影響最深？如果
能夠見到他，你會問
他什麼問題？

你想要擺脫哪些傳統
包袱?

我們正在埋下
改變的種子，
也許自己沒機會
看到結果，
但我們得耐心等候。

列出你這星期取得的五項小小勝利。

1

2

3

4

5

千里之行，始於足下。
你這星期可以做哪件小事，為自己或別人的生活帶來新的改變？

BECOMING

如果你不出來
替自己發聲，
很快就會
被貼上錯誤的標籤。

你以前被貼過哪些標籤？
別人眼中的你跟你的自我認知有什麼不同？

描述跟你親如家人的某
一位朋友。你最喜歡他
什麼地方?

BECOMING

我慢慢明白，
自己人生故事的重點
不在於表面的成就，
而是成就底下
穩固的基礎——
多年來我所得到
點點滴滴的恩惠，
還有一路上
幫助我建立自信的眾人。

你有哪些人生導師？
你如何悉心維護與他們的關係？

你多常跟朋友相聚？你們喜歡做什麼？那樣夠嗎？

列出你最愛的十部電影。

1.

2.

3.

4.

5.

6.

7.

8.

9.

10.

你如何回饋地方？

你曾經如何為別人的生
命創造改變？

BECOMING

如果你受邀在畢業典禮上致詞，你會給畢業生怎樣的建言？

你現在的生活發生了哪些事情？列出五件順心事。

1

2

3

4

5

「愛自己」對你而言是
什麼意思？你如何擠出
更多時間照顧自己？

家中有誰需要你照顧？
這段關係如何說明你的
特質？

BECOMING

與巴拉克
強烈的使命感共存……
我需要自我調適，
並非因為他刻意賣弄，
而是因為
他的使命感如此鮮活，
我很難忽略。

什麼事情會激起你的使命感？
生活中有誰跟你有志一同？

你嘗過失去的滋味嗎？
這件事情如何塑造你的
生命？

寫下你最近真正感到平
靜的一刻。你在哪裡?
在做什麼?怎麼做才能
再次品味那份感受?

你最近一次什麼時候覺得自己或許走錯路了，
儘管全世界都認為你做的事情再正確不過？你最後做出什麼決定？

列出你認為最需要關注的十大社會議題。

1. _____

_____

2. _____

_____

3. _____

_____

4. _____

_____

5. _____

_____

6. _____

_____

7. _____

_____

8. _____

_____

9. _____

_____

10. _____

_____

當別人低劣攻擊，
我們要高尚回應。
When they
go low,
we go high.

你如何實踐這句話？

誰是你的初戀？

你的家人如何應付外在
世界的壓力？

你是否曾經熱烈追求某
個雄心壯志,卻因此跟
你最愛、最信任的人產
生牴觸?你如何銜接這
兩個不同的世界?

如果你能找到更多時間
做自己熱愛的事，你會
做什麼？

我希望同時擁有
職場與家庭生活，
但前提是
這兩種生活能取得平衡。
我希望能像母親，
但同時也希望
自己不要跟她一樣。
仔細想想
就會覺得奇怪又困惑。
我可以擁有一切嗎？
我會擁有一切嗎？
我不知道。

家庭生活與職場生活經
常互相衝突,你如何在
這兩個世界之間取得平
衡?

BECOMING

列出你和家人結伴出遊的十次旅行。

1.

2.

3.

4.

5.

6.

7.

8.

9.

10.

從名單中挑出一次旅遊，挖得更深一點：
你做了什麼？去了哪裡？有誰同行？

BECOMING

你對什麼人或什麼事
心懷感激？

你如何表達感激？

你的人生曾經在什麼
時候不得不突然改變
方向？這帶給你怎樣
的幫助？

你如何維持重心？

過了特別辛苦的一天後，你最喜歡用什麼方式放鬆自己？

什麼會讓你受到鼓舞?列出最先浮上心頭的十件事。

1.

2.

3.

4.

5.

6.

7.

8.

9.

10.

在我認識的人當中，
最成功的幾位
都學會了
如何跟批評的聲音共存、
如何倚靠
衷心相信他們的支持者，
以及如何
讓支持者鞭策他們
達成目標。

從你認識的人當中，
回想某一位曾經克服困難達成目標的人。
你認為他們是怎麼做到的？
從他們的經歷中，你學到了什麼？

描述你必須為自己發聲
的一次經驗。是什麼給
了你勇氣？你遇到了哪
些阻撓？

你是否曾經覺得需要
站出來替別人說話?
請描述當時的狀況及
最後結果。

BECOMING

誰是你的榜樣？那個人
如何塑造了你？

誰把你當成榜樣？你如
何激起那個人心中的火
花？

在你早晨的例行活動中，最棒的部分是什麼？

列出下班後你用來放鬆自己的五種方法。

2

3

4

5

寫下你最喜愛的家庭私
房菜食譜。這道菜有什
麼獨特之處？

你的名字有什麼典故或
意義？它如何影響你成
為現在的自己？

BECOMING

你如何把自己的歷史、
文化與經歷,帶到對這
一切全然陌生的某個地
方?

如果可以重寫史冊，你
會添加哪一條被遺漏的
歷史？

形容你夢想中的世界。
你希望見到哪些改變
──不論在地方、國家
或世界的層級上？

茫然和不知所措
是每個人都能體會的感受，
不分背景、
膚色或政治立場。
要抵達目標，
我們必須經過
一段緩慢且令人沮喪的成長，
這段路走來，
每個人都不免有些氣餒。

描述對你們家有特殊
意義的某個地方。

如果必須做出選擇，誰
會是你生命中最珍貴的
人？你們將共度怎樣的
未來？

你小時候最喜歡哪五本書？

2

3

4

5

描述你生活周遭一位真正的智者。

利用這個空間，寫封信
給許久未見的某個朋
友。跟他或她描述自從
上次分別後，你的人生
遭遇了哪些事情。

利用這個空間，寫下你
最喜歡的一句家常諺
語。誰說過這句話？這
句話對你有什麼意義？

BECOMING

我生平穿過的禮服
少之又少，
但吳季剛的創作
卻施展了神奇魔法，
就在我以為自己
已無驚豔之處時，
他的設計卻讓我
再度呈現柔和、美麗
又開放的一面。

列出你最喜愛的十件服飾，以及你穿戴它們的時間和場合。

1.

2.

3.

4.

5.

6.

7.

8.

9.

10.

教育向來是
促成我人生改變的工具，
也是我在社會中
往上爬的槓桿。

教育
──不論正式或非正式教育──
在你生命中扮演了怎樣的角色？

請盡可能詳細描述你最喜愛的一樁兒時回憶。

列出你在回家的路上注意到、但別人可能沒注意到的十件事情。

1.

2.

3.

4.

5.

6.

7.

8.

9.

10.

花一個晚上或下午不看
社群媒體和新聞。拔掉
電源的感覺如何？即便
只是一小段時間？

家族聚會時，你都做些
什麼？

過去我
有幸得到父母、師長
和人生導師的指點，
一再告訴我
一句簡單的話：

你
很重要。

誰讓你覺得自己很重要？他們用什麼方式讓你知道？

BECOMING

你喜歡做哪些事情來維持健康？

你想學習哪三樣新的愛好？它們分別有什麼地方吸引你？

爸爸喜歡找各種藉口開車。

他熱愛他的車，

那是一輛古銅色

雙門別克厄勒克特拉 225

（Buick Electra 225），

爸爸驕傲地暱稱為

「兩塊兩毛五」。

描述你們家的車或你兒時搭乘的其他交通工具，
寫下它們的聲音和氣味。

在你的公路旅行經驗
中,路程最長的是哪
一次?

如何改善你的社區
環境？

年紀很小的孩子
就能感受到被人看輕。

你如何讓生活周遭的孩子感覺受到重視？

什麼原因會讓你夜裡
無法成眠？

今年和去年有什麼
不同？

你希望月底以前完成哪五件事？

2

3

4

5

闔上這本筆記，閉上眼睛，深呼吸十次。寫下你的感覺。

BECOMING

回想你送走某件心愛物
品的經驗。你送走了什
麼？為什麼送走它？

你上一次看見夕陽是什
麼時候？你當時在做什
麼？

BECOMING

成為自己
是永不放棄成長的可能。

對你而言，
「活出自己」這句話代表什麼意義？

成為這樣的我「引導式筆記書」

蜜雪兒‧歐巴馬帶領你探索內心的聲音

Becoming: A Guided Journal for Discovering Your Voice

作者	蜜雪兒‧歐巴馬 Michelle Obama
譯者	黃佳瑜
商周集團榮譽發行人	金惟純
商周集團執行長	郭奕伶
視覺顧問	陳栩椿
商業周刊出版部	
總編輯	余幸娟
責任編輯	呂美雲
封面設計	copy
內頁排版	copy
出版發行	城邦文化事業股份有限公司-商業周刊
地址	104台北市中山區民生東路二段141號4樓
傳真服務	(02) 2503-6989
劃撥帳號	50003033
戶名	英屬蓋曼群島商家庭傳媒股份有限公司城邦分公司
網站	www.businessweekly.com.tw
香港發行所	城邦（香港）出版集團有限公司
	香港灣仔駱克道193號東超商業中心1樓
	電話：(852) 2508-6231　傳真：(852) 2578-9337
	E-mail：hkcite@biznetvigator.com
製版印刷	中原造像股份有限公司
總經銷	聯合發行股份有限公司　電話：(02) 2917-8022
初版 1 刷	2020年01月
定價	330元
ISBN	978-986-7778-91-8（精裝）

國家圖書館出版品預行編目資料

成為這樣的我「引導式筆記書」；蜜雪兒‧歐巴馬帶領你探索內心
的聲音／蜜雪兒‧歐巴馬（Michelle Obama）著；黃佳瑜譯．
-- 初版 . -- 臺北市：城邦商業周刊, 109.01　208 面；14.8×21 公分 .
譯自：Becoming: A Guided Journal for Discovering Your Voice
ISBN 978-986-7778-91-8（精裝）
1. 自我實現　2. 生活指導
177.2　　　　　　　　　　　　　　　108019666

BECOMING *brave*

BECOMING *passionate*

BECOMING *kind*

BECOMING *happy*

BECOMING *curious*

BECOMING *grateful*

BECOMING *bold*

secure

BECOMING *strong*

BECOMING *honest*

BECOMING *inspired*

BECOMING *accepting*

BECOMING *open*

daring

BECOMING *grateful*